그림과 함께하는

매력적인 시작(詩作)

조 윤 옥

그림과 함께하는 매력적인 시작(詩作)

초판1쇄 · 2012년 8월 20일
초판1쇄 · 2012년 8월 20일

지은이 · 조윤옥
대 표 · 김남석
발행처 · 우리책
등 록 · 2002년 10월 7일(제2~36119호)

주 소 · 서울시 강남구 일원동 640-2
전 화 · 02-2236-5982
전 송 · 02-2232-5982

값 7,000원

ISBN 978-89-90392-29-9 03810

작가의 말

조 윤 옥

그림과 함께 하는 매력적인 詩作은 삶의 끝자락에서 가끔은 낙망하기도 하고 희망이 없다고 생각했던 사람의 변화 과정입니다.

어머니께서 돌아가시고 홀로 내몰린 외로움에 글을 쓰다 수많은 시행착오를 거치며 좌절하지 않고 일어서 부정에서 긍정으로 발상이 전환되며 아름다운 삶으로 돌아오게 되었습니다.

시인은 선택받은 자만이 쓴다고 하지만 저는 다르게 생각합니다. 다독(多讀), 다견(多見), 다습(多習)을 통해 노력하면 훌륭한 시인이 될 수 있습니다.

지금은 늦었다고 포기하고 있지는 않습니까?

그림과 함께 하는 매력적인 詩作으로 아름다운 향기가 주변을 퍼져나가듯이 작은 빛이 되어 온누리에 유출되기를 바랍니다.

| 목 차 |

Ⅲ. 시(詩) 이론 · 31

글쓰기 전에

글을 쓰기 위해서는 마음을 열어 생활 속의 경험을 바탕으로 순간의 느낌을 잡아야 해요.

일어난 일을 그대로 쓸 수도 있고, 느낌이 가는 데로 다양하게 재구성 하여 쓸 수도 있어요.

글을 쓰기 위해서는 자신을 지켜주는 가치관이나 사상을 같은 시선으로만 보는 것이 아니라 서로 다른 시선을 가지고 생각해요. 어린 시절에 있었던 일도 좋고, 초등학교나 중학교 시절에 있었던 일도 좋아요. 현재의 내 모습을 통한 표현도 좋아요. 살아오면서 영향이나 도움을 받았던 사람이나 사건, 보람된 일이나 이루고 싶은 소망, 살아오는 동안 불어 닥친 시련으로 인해 좌절됐던 꿈이나 상처를 표현해도 좋아요.

글을 쓰면서 세상의 기쁨과 아름다움을 느끼면 되요. 그냥 편안한 마음을 가지고 살면서 느낀 다양한 생각들을 글로 표현하고 하면 되요. 간혹 우리 곁에 아픔이 있고 고난이 있을지라도 글로써 위로받고 상처를 쓰다듬어 세상의 주인공으로 당당하게 선 다음 긍정의 에너지가 나온다면 더 없이 좋아요.

Ⅰ. 詩作 방법

1. 마인드 맵을 이용한 시쓰기

마인드맵은 마치 지도를 그리듯이, 자신이 여태까지 배웠던 내용이나, 자기 관리 등을 할 수 있는 방법으로 글쓰기에도 많이 사용합니다.

▲ 무궁화 유화작품

1. 작가는 무궁화를 중심에 놓고 인터넷이나 본인의 생각을 중심으로 펼친다
   흰색과 보랏빛의 색을 물결로 표현했다.
2. 칠월을 절정으로 보았다
3. 무궁화는 우리나라 꽃이라 본포를 전국적으로 밀려오는 것으로 했다
4. 은은함을 과장법을 사용하여 춤사위가 황홀하다 했다.
5. 국민을 모두 나비라고 이미지화를 해서 종연처리를 했다.

무궁화

조 윤 옥

칠월의 절정
피어오르는 물감 질 곱기도 하다

흰 물결 위
중심축에 서린
보랏빛 시리디 시린 꽃물결

평화의 널브러진 춤사위
우리는
모두 나비가 된다.

마인드 맵 작성 7원칙

1. 가로로 된 종이의 중심에서 시작한다.

2. 중심 생각을 나타내기 위해 이미지나 사진을 이용한다.
   (3가지 이상의 색깔)

3. 전체적으로 색깔을 사용한다.

4. 중심이미지에서 주가지로 연결한다.
   주가지의 끝에서 부터 부가지로 연결한다.
   그리고 부가지의 끝에서 세부가지를 연결한다.

5. 구부리고 흐름있게 가지를 만들어라.

6. 각 가지 당 하나의 키워드만을 사용하라.

7. 전체적으로 이미지를 사용하라.

어린이 상상 유화 작품

무지개 위에 토끼와 곰 돼지가 있다.
중심 생각을 나타내본다.

1. 꿈. 여행. 동화적인 발상으로 3가지 이상을 올려 놓는다.
2. 3가지에서 파생되는 생각을 주가지로 연결한다.
3. 중심에서 파생된 가지에서 세부가지로 상상한다
4. 자기만의 흐름이나 느낌을 이용한다
5. 하나로 몰아가라
6. 전체적인 이미지를 표현한다

어린이 날

높이
뛰어라

훨훨
드높이

웃음꽃에
희망을 걸고

푸른 하늘
징검다리
마음껏 오르거라

무지개, 토끼, 돼지, 강아지 소풍을 간다.
꿈, 여행, 수많은 별
- 미래의 지구는 어린이의 놀이터

*초등 6학년 다희에게 할머니가

2. 브레인스토밍(brain stoming)을 이용한 시쓰기

브레인 스토밍은 아이디어 창출방법의 하나이다. 한 가지 문제를 집단적으로 토의해 제각기 자유롭게 의견을 말하는 가운데 정상적인 사고방식으로는 도저히 생각할 수 없는 독창적인 아이디어가 튀어나온다는 점을 응용하여 생각을 이끌어 내는 방법이다. 1941년 미국의 한 광고대리점에서 처음 시작된 이 회의 방식은 소집단의 효과를 살리고 끊임없는 아이디어의 '연쇄반응'을 불러일으키기에 충분한 회의 방법으로 알려져 있다.

개인의 독단적인 의사결정은 자칫 팀 분위기를 폐쇄적으로 유도할 수 있기 때문에 개방적이고 활발한 분위기에서 이루어질 수 있는 '브레인스토밍 기법'은 팀의 창조성을 촉진하기에 좋은 회의 방법이다. 물론 이러한 방법을 통하여 생성된 발상을 글쓰기의 첫 단계에 응용하면 매우 유용한 창의적 발상 방법이니 적절히 사용하면 좋겠다.

브레인 스토밍에는 4가지 규칙이 있다. 첫째 다른 사람의 발언을 비판하지 않는다. 둘째 자유분방한 발언을 환영한다. 셋째 질보다 양을 중요하게 여긴다. 넷째 다른 사람의 아이디어에 무임승차한다. 이 중에서 자유분방한 발언을 잘 활용하면 글쓰기에 많이 도움이 되겠죠.

3. 그림을 통한 시쓰기

무엇을 그린 그림일까요.

이 그림을 보면서 느낀 점은 무엇인가요.

그러면, 우리나라 사람들에게 가장 큰 소원은 무엇일까요. 우리 민족에게 비극적인 사건이 있었다면 무엇인가요.

자, 그러면 위 그림을 통해서 글이 어떤 식으로 전개가 될지 예상이 되지요. 맞아요. 생각이 가는 데로 편하게 글을 쓰면 되요.

통일

기다리고 기다리는
붉은 설움이 섧다

강나루 강물 위에
정겹던 말
고왔던 말
넘실거린다

풀섶에 별이 방긋
하늘을 오르던 개구리
잠에서 깨어 떨어지는 소리
쿵

두물머리 별빛
예나 지금이나 반짝이며
내일을 속삭인다

그립다
하 그리워
옛 이야기 더듬으며
나는 잠에서 깨어
집으로 달려간다.

- 꿈에서도 통일을 기다리는
민족에게는 내일의 속삭임이 통일이다.
통일을 염원하면서

백두산

백두산아!

이웃 중국의 변화에 손을 들었느냐.
개감채와 만병초 몸을 낮춰
썬탠 중인데

장마 생채기 뚜렷한 민둥산
위화도의 빛바랜 집
단둥의 조롱꺼리로 변하고
압록강 철교 끊어질 듯 위태롭다.

육십년 만에 듣는 애비소식
강물을 흔드는구나.

* 2011. 8월 장마철. 장마에 쓸려 붉은 민둥산이 된 백두산을 바라보다 위화도의 빛바랜 집과 압록강의 철교가 애잔하여 이 시를 쓰다.

4. 모방하여 시쓰기

서시

윤 동 주

죽는 날까지 하늘을 우러러
한 점 부끄럼이 없기를.
잎새에 이는 바람에도
나는 괴로워했다.
별을 노래하는 마음으로
모든 죽어가는 것을 사랑해야지.
그리고 나한테 주어진 길을
걸어가야겠다.

오늘 밤에도 별이 바람에 스치운다.

죽는 날까지
한 점의 티끌처럼
바람의 흔들림에도 괴로워했다.

한낮 흔들리는 미물이기에
풍파에 아파하는 마음에 위로를 하며
죽어가는 것을 사랑해야지

그리고
나 주어진 길을 가리라
그름과 별과 바람을 벗하면서 흘러가리라

- 나는 윤동주님의 시를 위와 같이 모방해 보았다.

꽃

김 춘 수

내가 그의 이름을 불러 주기 전에는
그는 다만
하나의 몸짓에 지나지 않았다.

내가 그의 이름을 불러 주었을 때
그는 나에게로 와서 꽃이 되었다.

내가 그의 이름을 불러 준 것처럼
나의 이 빛깔과 향기에 알맞은
누가 나의 이름을 불러 다오.
그에게로 가서 나도
그의 꽃이 되고 싶다.

우리들은 모두
무엇이 되고 싶다.
나는 너에게 너는 나에게
잊혀지지 않는 하나의 의미가 되고 싶다.

내가 그의 이름을 불러 주기 전에는
그는 다만
이웃의 한 사람이었다.

내가 그의 이름을 불러 주었을 때
그는 동무가 되었다.

내가 그의 이름을 불러 준 것처럼
나에게도 알맞은 이름을
누가 나의 이름을 불러 다오.
그에게로 가서 나도
친구가 되었다.

우리들은 모두
무엇이 되고 싶다.
이웃이 아닌
의미 있는 짝이 되고 싶다.

- 동무, 친구, 짝은 같은 의미로 해석되어
두 번 사용하지 않고 적절하게 넣었다.

글을 쓸 때 어떤 대상에 대해 애정을 가지고 보면 그 때까지 안 보이던 것이 보이기 시작합니다. 어떻게 보느냐에 따라 평범함 속에서도 아름다움을 찾아낼 수 있고, 식상함 속에서도 새로움을 찾아낼 수 있습니다.

세상에 안 다뤄진 이야기나 주제는 별로 없다. 하지만 애정을 가지고 섬세하게 관찰하면 반드시 새로운 것이 보이기 시작할 것이다.

- 글쓰기의 기술, 강미은, 원앤원북스, 2007,11

애정을 가지고 보면 부정적인 시각이 긍정의 소리로 바뀌고 희망을 선물할 수가 있다. 작은 것을 크게 속삭이듯이 접근을 합니다. 그러면 세상의 이야기는 섬세하면서도 너그러운 시각으로 열어 공감을 형성합니다.

매력적인 詩作으로 독자와 함께 공감을 형성합니다.

II. 詩作 순서

1. 주제 설정

'무엇에 대해 쓸 것인가' 하는 문제를 주제라고 한다. 시인이 시를 통해서 나타내려고 하는 중심 생각이나 사상으로, 작품 속에 암시적으로 표현된다. 경우에 따라 사상, 정서, 의지 등으로 나타납니다.

지금은 사라져 버린 직업 중에 물장수가 있습니다. 저도 어린 시절 먼 거리에서 물을 길어다 먹는 시골에서 살았습니다. 새벽녘 우물가에 나팔꽃과 맨드라미가 피어 있었고, 그 길을 좋아라 어머니를 쫓아다녔습니다.

북청물장수처럼 호기심에 물지게를 지고 양동이가 출렁이도록 걸어다녔던 기억이 납니다

북청 물장수

김 동 환

새벽마다 고요히 꿈길을 밟고 와서
머리맡에 찬물을 쏴 ─ 퍼붓고는
그만 가슴을 디디면서 멀리 사라지는
북청 물장수.

물에 젖은 꿈이
북청 물장수를 부르면
그는 삐걱삐걱 소리를 치며
온 자취도 없이 다시 사라져 버린다.
날마다 아침마다 기다려지는
북청 물장수.

우물가

조 윤 옥

엄니가 뿌린 나팔꽃이 활짝
이슬을 벗 삼아 산비탈을 오가던 길

졸랑졸랑 뒤쫓던 어린 딸 호기심이 일어
물동이 머리에 이었다네

물은 출렁
몸은 비틀
다리는 흔들

대문에 들어서면
흠뻑 젖은 옷에
물동이는 절반의 의미를
가르쳐 주었다.

2. 계획하기

주제가 결정된 다음에는 그러한 주제를 어떻게 구체적인 글로써 전달할 것인가에 관해 세부적인 계획을 세워야 한다. 이때 필자는 먼저 글을 쓰는 목적이 무엇인가, 누구를 위해서 쓰는 글인가를 생각하며 계획을 세워야 한다.

즉, 글을 읽을 사람이 궁금해 하는 것을 염두에 두고 공감대를 형성할 수 있는 내용의 글을 써야 한다는 것이다.

이러한 사항을 염두에 둔 후, 구체적인 작문을 위한 계획을 세워 개요를 작성한다. 이는 글의 재료로 사용하기로 선정된 세부 항목들을 체계적으로 구성해 보는 과정을 뜻한다.

(마인드맵을 활용하여 주제는 가을과 관련되게 하고 세부내용으로 들판, 추수, 송아지, 허수아비 등을 떠올리고, 다시 고향, 밭과 논을 부수적으로 채워 간결하게 정리한다.)

3. 집필하기

주제가 결정되고, 개요를 통한 세세한 내용을 쓸 순서가 정해지면 이를 토대로 그것을 글로 써나가게 된다. 시를 쓰기 위한 과정도 이와 유사하다.

글은 원고가 완성되기 이전에 대개 초고 집필의 과정을 거치게 된다. 최초의 초고는 미완성의, 결점이 많은 글이라도 무방하며, 생각이 바뀌기 전에, 통일성을 유지하면서 세부적인 표현에 얽매이지 않고 개요를 잘 살려서 마음의 동요 없이 과감하게 글을 써나간 후, 원고지에 옮기는 과정에서 세부적인 사항을 수정 · 보완한다.

초고는 보통 노트에 쓰는 일이 많은데, 이때 노트의 양면 가운데 한 면은 수정을 위하여 완전히 비워두는 것이 좋다.

(시를 완성했다고 자기만족에 빠지지 말고 종종 시의 내용을 다시 보완하기 위한 노력이 필요하다. 한 단어를 버리는데 아까워하지 말고 잘 다듬어야 좋은 글이 될 수 있다.)

4. 퇴고하기

초고를 바탕으로 수정 · 보완하고 정리하는 작업을 퇴고라고 한다.

정확하고 올바른 퇴고를 위해서는 대체로 다음의 세 가지 원칙을 따르는 것이 추천된다.

첫째, 쓰여진 글에서 빠진 부분과 부족하다고 느껴지는 부분을 찾아 보완해야 한다.

둘째, 불필요한 부분이 들어가 있거나 지나치게 많이 들어간 것들을 찾아 삭제해야 한다.

셋째, 쓰여진 글의 순서를 바꾸었을 때 더욱 효과적일 부분은 없는가 살펴보고, 문장 구성을 변경하여 주제 전개의 양상을 부분적으로 고친다.

- 한국어 위키백과

글쓰기를 잘하려면 많이 써야 해요. 사람에 따라 다르게 말할 수 있지만 많이 생각하고, 많이 읽고, 많이 쓰는 것이 중요하답니다. 그 중에 제일 중요한 것은 글쓰기이잖아요. 그러니 많이 써 보는 것이 좋답니다.

사람은 혼자 이 세상을 살면서 외로움과 무서움을 많이 지니고 산다고 해요. 하지만 그러한 감정은 모두에게 나타나는 것이기에 예술적 표현으로 승화시키려면 기교와 능력을 가져야만 성취될 수 있다고 하네요. 더구나 예술은 사물을 복사해 내는 것이 아니라, 스스로의 눈으로 찾아내는 것이기에, 기초적인 감정표현만으로는 예술의 단계로 올려보기는 힘들다고 하니 우리는 보다 열심히 글을 쓰며 표현하는 연습을 해야 한답니다.

끝으로 다견(多見), 다독(多讀), 다습(多習)을 하는 것이 최고의 지름길입니다.

오늘부터 시작해도 충분합니다.

그림과 함께 하는 매력적인 詩作을 합시다.

Ⅲ. 시 이론

요즘 우리에게는 꿈이 없다고 하네요. 혹시 꿈이 들어설 자리가 없는 것은 아닌지요. 문명의 발달로 우리는 우리가 꿈을 꾸기보다는 과학이 꿈을 실현해 주길 바라는 것은 아닌지요.

예컨대 천문학의 발달은 우리가 사는 지구가 은하계의 한 낱 조그마한 별에 지나지 않을 뿐더러 우주에는 그러한 은하계가 수없이 많음을 알려주지요.

지구는 그저 우주의 중심이 아니라 우리가 밤하늘에서 만나는 그 수없이 많은 별 중의 하나, 아니 너무 적어서 보이지 않는 별 중의 하나라고 생각하게 되어 꿈을 꾸려 하지 않게 된 것은 아닌가요.

꿈을 꾸지도 않고 상처난 것에 대한 위로 받기만을 원하고 있지는 않은지요? 노력하고 가꾸며 조금 더 이웃을 돌아보면서 살아가요.

꿈 이야기

조 지 훈

문을 열고
들어가서 보면
그것은 문이 아니었다.

마을이 온통
해바라기 꽃밭이었다.
그 훤출한 줄기마다
맷방석만한 꽃숭어리가 돌고

해바라기 숲 속에선 갑자기
수천 마리의 낮닭이
깃을 치며 울었다.

파아란 바다가 보이는
산 모퉁잇길로
꽃 상여가 하나
조용히 흔들리며 가고 있었다.

수염 흰 노인이 한 분
그 뱃전에 기대어
피리를 불었다.

꽃상여는 작은 배에 실렸다.
그 배가 떠나자
바다 위에는 갑자기 어둠이
오고 별빛만이 우수수 쏟아져 내렸다.

문을 닫고 나와서 보면
그것은 문이 아니었다.

이 시는 꿈속의 '마을'과 '바다'라는 두 개의 시적 공간에서 죽음에 대한 초월 의지를 노래하고 있는 작품입니다.

마을은 커다란 꽃송이의 해바라기와 깃을 치며 우는 낮닭의 밝은 이미지, 바다는 꽃상여를 싣고 떠났다는 진술을 통해 그곳이 죽음의 초월적 세계를 나타내고 있다.

이 작품에서의 '문'은 실존의 문이다. 이렇게 시인은 삶의 연장으로서의 죽음, 또는 삶과 바꾸어 볼 수 있는 죽음을 보여 줌으로써 생과 사를 초월하려는 의지를 드러내고 있다고 볼 수 있죠.

1. 시(詩)의 정의

고대 그리스에서는 시란 집을 짓고 불을 붙이고 농사를 짓는 일과 동등한 일로 보았으며, 시인이란 논밭을 갈아서 일하는 대신에 주문을 외어 비를 내리게 하고 수확의 감사를 노래하는 데 전력을 다한 사람이었다. 이런 뜻에서 시인은 구체적인 시작품, 즉 포에마Poema-Poem를 만들어내는 제작자이며 기술자이나, 또 한편 내용면에서는 포에마의 본질인 포에시스Poesis는 인간의 최고선(最古善)인 행복의 문제, 즉 윤리적 내용을 포함하므로 모방자(模倣者)mimeta=Imitator이기도 하다. 아리스토텔레스는 기술적인 측면에서 플라톤의 신적인 영감론을 은연 중에 반박하고 모방론에 더 무게를 두었다. 나는 詩作을 말(言)로 그린 그림에서 끊임없이 펼쳐 채색을 입히며 인간과 사물을 찬양하고 감사하는 작업에서 미백을 가려내는 기술로 생각한다.

'동양 일원에서 공통되이 쓰는 詩'라는 한자의 구조를 보면 '言'과 '寺'의 합자(合字)임을 알 수 있다. 言'은 모호한 소리인 음(音)'이나 말을 나타내는 담(談)이 아닌 '분명하고 음조가 고른 말'을 뜻한다. '寺'는 '持'와 '志'의 뜻을 가지고 있다. '持'란 손을 움직여 일하는 것을 말하며 '志'는 '우리의 마음이 어떤 대상을 향해서 곧게 나감'을 일컫는다. 그러므로 시라는 말 속에는 '손을 움직여 일한다'라는 뜻을 가지고 있어서 동양의 시에도 서구와 같은 창작이나 행동의 뜻이 담긴 동일성을 지니고 있음을 알 수 있다.

- 문덕수(文德守) 편저의 『세계문예대사전』

시는 체험이다.

— R.M.릴케

시는 언어의 건축물이다.

— M.하이데거

시는 역설과 아이러니의 구성체다.

— 브룩스

시인이 창작한 제2의 자연이 시다.

— 조지훈

시는 사람의 생각이나 느낌을 일정한 형식으로 글 읽는 사람의 감각이나 감정에 호소하고, 상상력을 자극하여 깊은 감명을 준답니다.

* 공자 - 詩三百, 一言而蔽之, 曰思無邪(시삼백, 일언이폐지, 왈사무사) 즉, 시 3백 편은 한 마디로 말한다면, '생각함에 사악함이 없다'는 것이다.

* 아리스토텔레스 - 시는 운율 있는 언어로 행동하는 사람을 모방한다.

* 워즈워드 - 시는 강한 느낌이 저절로 넘쳐 나온 것이다.

2. 시(詩)의 구조

시에서 많이 쓰이는 것은 4단 구조입니다. 이 구조를 익혀놓아야만 자신만의 독특한 구조를 만들어 낼 수 있다고 생각해요.

시의 구조와 함께 또 하나 알아두어야 할 형식은 틀입니다. 틀은 엄격하게 말해 구조와 같은 뜻이죠.

모든 시는 기본적인 틀을 가지고 있습니다. 우리의 정신과 육체가 합해져야 하나의 독자적인 인간이 이루어지듯, 시도 그 내용을 담을 수 있는 그릇이 있어요. 술잔에 밥을 담아 먹을 수 없는 것처럼 아무렇게나 시를 쓰는 것이 아니랍니다.

그러면 좋은 시의 구조는 어떤 것일까요?

좋은 시는 역시 그 구조가 탄탄해야 합니다. 독자와 만나는 첫 행에서 독자를 끌어당길 수 있는 흡인력을 가져야 합니다. 상투적인 도입부, 뻔히 아는 사실, 개인적인 감상, 시덥잖은 현실비판, 관념적인 푸념 따위로 시작되는 작품은 독자들이 멀리 하지요.

좋은 도입부로 시작되면 그다음의 본문 내용도 순탄하게 연결이 됩니다. 그러면 마무리도 자연스럽게 결정되겠지요.

3. 시(詩)의 제목

글 쓰기 전에 제목부터 정하고 쓰는 사람이 있는가 하면, 한 편의 글을 완성한 뒤에야 제목을 정하는 사람도 있어요. 제목은 사람으로 치면 이름이라 할 수 있어요. 사람에게 있어서 이름이 모든 것을 대신하듯이 작품에서도 제목이 매우 중요하답니다.

김재홍의 시의 제목 짓기 방법 사례

1〉 '봄은 고양이로다' 이장희

'나룻배와 행인' 한용운

- 은유적 제목은 시의 내용을 압축적으로 제시한다.

2〉 '깃발' 유치환

'曠野' 이육사

- 상징적 제목은 시적 대상을 가리킨다.

3〉 '나의 침실로' 이상화

'南으로 窓을 내겠오' 김상용

- 직설적 제목은 내용전달에 치중된다.

4〉 '나의 꿈을 엿보시겠읍니까' 신석정

'그 먼 나라를 알으십니까' 신석정

- 설의적 제목은 의미전달, 공감영역의 확대에 중점을 둔다.

5〉 '진달래꽃' 김소월

'瓦斯燈' 김광균

- 형상적 제목으로 친근감 있는 소재를 통해 새로운 의미를 부여한다.

6〉 '님의 침묵' 한용운

'나는 잊고자' 한용운

- 역설적 제목으로 의미의 역설을 통해 시를 심화시킨다.

7〉 '그 꿈을 깨치소서' 모윤숙

- 기원적 제목으로 소망과 염원을 제시한다.

8〉 '오, 날개여' 변영로

'오, 나의 영혼의 旗여' 변영로

- 돈호법에 의해 영탄적인 호소와 감동을 형상화함에 많이 사용된다.

4. 시의 분류

月
　火
　　水
　　　木
　　　　金
　　　　　土

하낫 둘
하낫 둘
일요일로 가는 엇둘소리

자연의 虐待에서
너를 놓아라
역사의 餘白
영혼의 衛生데이
일요일의 들로
바다로

우리들의
유쾌한
하늘과 하로
일요일
  일요일

- 김기림 '日曜日行進曲'에서

어때요. 재미있는 시의 구성이죠.

시는 시의 형식과 운율에 따른 분류와 내용에 따른 분류, 시적 경향에 따른 분류, 목적성의 유무에 따른 분류 등으로 나눌 수 있습니다.

1) 시의 형식과 운율에 따른 분류

① 정형시(定型試) : 일정한 운율적 형식에 맞추어 쓴 시. 곧 전통적으로 시구나 글자의 수, 배열 순서, 발음의 리듬 등이 정해져 있는 시로, 시조, 가사, 서양의 소네트(sonnet), 한시(漢詩)가 대표적이다.

② 자유시(自由詩) : 형식에 얽매이지 않고 자유롭게 쓴 시. 곧 표현에 따르는 내적 질서만 가질 뿐 외적 규칙에 대해 자유로운 시를 말한다.

③ 산문시(散文詩) : 외형상으로는 산문과 다름이 없는 시. 리듬의 단위를 한 문장이나 한 문단에 두는 등 전체적인 내재율의 조화에 맞게 쓰는 산문 형식의 시이다.

2) 내용에 따른 분류

① 서정시(抒情詩) : 개인의 주관적인 감정이나 정서를 담은 짧은 시. 넓은 의미로는 일반적인 시 전체를 말하지만, 보통 개인의 주관적인 정서를 그에 어울리는 형식에 담아 아름답고 의미 깊게 만든 시를 말한다.

② 서사시(敍事詩) : 국민적 · 민족적 집단의 역사적 사건이나 신화 · 전설 · 영웅의 행적 등을 객관적으로 서술한, 일정한 줄거리를 가진 장편의 이야기체 시. (서양의 경우에는 호머의 '일리아드'와 '오딧세이'를 모범으로 삼고 있으며, 우리나라에서는 이 규보의 '동명왕편', 김동환의 '국경의 밤(1924년)'이 있는데, '국경의 밤'은 최초의 현대적 서사시이다.)

③ 극시(劇詩) : 연극적인 내용을 시의 형식으로 나타내거나, 극적 수법을 사용하여 쓴 시. 인물의 대화, 독백, 긴박한 상황 등에서 극적 효과를 이루어 내나, 상연에는 부적합하다. (고대의 희곡이나 셰익스피어의 작품이 여기에 해당)

3) 시적 경향에 따른 분류

① 주지시(主知詩) : 인간의 감정을 억제 · 조정하고 지성의 표현을 주로 다루어, 기질, 풍자, 아이러니, 역설 등의 지적 작용이 크게 활동하며, 현대 문명 비판 의식 또한 중요한 요소이다.

② 주정시(主情詩) : 인간의 감정이나 정서를 그 내용으로 하는 개인적 · 주관적 성격의 시로서, 좁은 의미의 서정시는 대개 주정시를 일컫는다.

③ 주의시(主意詩) : 목적이나 의도를 지닌 의지적인 내용을 표현한 시. 그러나 순수한 의지만 가지고는 시가 되기 어렵기 때문에, 대개 지성과 감정을 동반한다.

4) 목적성의 유무에 따른 분류

① 순수시 : 개인의 순수한 정서를 형상화한 시. 작품 자체의 예술적 가치에 중점을 두는 시

② 목적시 : 예술성 추구보다는 특정한 이념이나 사상 전달이라는 목적을 뚜렷이 드러낸 시

5. 시어(詩語)의 특징

시적 언어는 일상 언어를 바탕으로 이루어지지만 그러나 일상적 언어 그 자체는 아닙니다. 기능 면에서 일상적 언어가 지시적 의미를 중시하지만, 시적 언어는 함축적 의미를 중시합니다. 또 시어는 소리의 반복에 의한 리듬감을 중시하며, 상징적 표현에 의해 하나의 표현이 다양한 의미로 해석되는 상징성, 애매성, 다의성을 갖습니다. 그리고 풍자, 반어, 사이비진술, 언어유희, 시적 허용, 감정이입 등등의 여러 표현 기법과 특성을 갖춘 독립된 한 세계의 어휘체계를 지니고 있어요.

시 어	일 상 언 어
• 시인의 정서를 주로 표현. (표현적 기능) • 함축적 의미를 지님. • 생략되고 압축됨. • 주관적으로 해석가능. • 소리내어 읽어보면 가락을 느낄 수 있음. • 일부러 다듬은 언어.	• 의사 전달 위주.(지시적 기능) • 사전적 의미 위주. • 느슨함. • 주로 객관적으로 해석. • 가락을 느낄 수 없음. • 일부러 다듬은 언어가 아님

〈언어의 두 가지 면〉

(1) 지시적 의미 : 사전에 정의된 대로의 일반적 의미. 개념적인 뜻을 표시하는 것으로서 일상 생활에서 모든 사람에게 같은 의미로 받아들여지며, 외연(外延, denotation)적 의미라고 한다.

(2) 함축적 의미 : 사전에 풀이된 것 이외에 달리 포함된 의미. 연상, 암시, 상징, 다의성, 분위기 조성 등이 특징인 것으로서, 특정한 문맥 속에서 파악·감지되며, 내포(內包, connotation)적 의미라고 한다.

1) 반어(irony)

표현된 말과 속뜻(의도)이 상반되는 말하기의 방식. 필자의 생각이나 주장과는 반대로 표현하기 때문에 상대방에게 오해를 줄 수도 있으나, 잘만 사용하면 재치와 풍자, 해학적인 효과도 얻을 수 있는 말하기의 방식입니다.(언어와 상황간의 모순)

▶ 나보기가 역겨워
가실 때에는
말없이 고이 보내 드리오리다.(김소월 「**진달래꽃**」)
(속으로는 애간장이 타고 보내기는 싫지만 말로는 고이 보내겠다고 내숭을 떨고 있음)

2) 역설(paradox)

겉으로 보기에는 명백히 모순되고 이치에 맞지 않아 사오정의 썰렁한 소리 같지만 나중에 곰곰이 생각해 보면 그 속에 인생의 깊은 진실을 담고 있는 표현을 가리킵니다. (언어 상호간의 모순, 말장난)

▶ 아아, 님은 갔지마는 나는 님을 보내지 아니하 습니다. (한용운 「**님의 침묵**」 : 현실적으로 님이 떠나갔지만, 자신의 의지를 통해 자신의 마음속에서 님을 보내지 않고 영원히 기억하겠다고 옹고집을 부리고 있음)

3) 언어 유희

다른 의미를 암시하기 위한 말이나, 동음이의어를 해학적으로 사용하는 것입니다. 주로 한자어의 동음이의어를 사용하여 이러한 표현효과를 내는데 이 분야의 대가는 역시 조선조말엽의 방랑시인 김병연이라 생각됩니다. 김병연 시인이 누구냐면 김삿갓, 바로 그 분입니다. 아래 시는 그 분의 작품 중 언어유희 기법을 사용한 풍자시의 백미라 일컬어지는 것입니다.

▶ 二十樹下三十客 스무(스물=20)나무 아래 서러운(서른=30) 나그네
四十村中五十食 망할(마흔=40) 놈의 마을에 가니
쉰(쉰=50)밥을 주더라.
人間豈有七十事 인간 세상에 어찌 이런(일흔=70) 일이 있으랴
不如歸家三十食 집에 돌아가 설은(서른=30) 밥을 먹음만 못하구나.
(* 人間: 인간세상, *豈: 어찌 기, *不如: ~만 못하다,
* 歸家: 집에 돌아감)

4) 애매성

한 단어 속에 겉으로 드러난 뜻 외에 은근히 다른 뜻 · 태도 · 감정들을 표현하는 방법입니다. 시에는 이러한 기법이 흔히 등장하기 때문에 일상생활의 언어에 익숙한 우리들이 해석하고 뜻을 음미하기에 어려움을 많이 느낀답니다. 그러나 모든 일이 처음은 어렵지만 몇 번 하다보면 차츰 쉬워지고 그러면서 재미도 붙고 그렇잖아요?

▶ 수양산 바라보며 이제를 한(恨)하노라. (성삼문, 수양산 바라보며. 수양산: 중국 산 이름, 수양대군)

▶ 강냉이가 익걸랑
함께 와 자셔도 좋소.
왜 사냐건
웃지요. (김상용 「남으로 창을 내겠소」 : 왜 웃을까요? 그 웃음의 의미가 무엇일까요? 또 이것을 영어로 번역한다면 어떤 단어로 바꿔야 할까요? 그러면 외국인들이 이해할 수 있을까요?)

5) 사이비 진술

시적 상황(진실)을 효과적으로 표현하기 위해 일상적인 진술 방식을 벗어나는 진술을 말합니다.

▶ 혼자 가리라, 강물은 흘러가면서
이 여름을 언덕 위로 부채질해 보낸다.
날려가다가 언덕 나무에 걸린
여름의 옷 한 자락도 잠시만 머문다. (오규원「비가 와도 젖은 자는」)

6) 시적 자유(시적 허용)

일반적인 산문에서 우리는 지켜야 할 문법 또는 어법이 있습니다. 그런데 시인은 이것을 잘 지키려고 하지 않습니다. 시인만의 특권입니다. 이것을 '시적 자유' 또는 '시적 허용'이라고 부릅니다.

▶ 어머니
당신은 그 먼 나라를 알으십니까?(←아십니까?) 〈신석정, 그 먼 나라를..〉

7) 감정 이입(感情移入)

시적 대상에 시적 자아의 정서(느낌)가 옮겨져 그러하다고 느끼는 시적 감정. 대체로 의인법과 관련됩니다. 이 때 시적 화자의 정서나 사상을 나타내 주는 역할을 하는 대상물을 객관적 상관물이라고 합니다.

▶ 초롱에 불빛, 지친 밤 하늘
굽이굽이 은핫물 목이 젖은 새
차마 아니 솟는 가락 눈이 감겨서
제 피에 취한 새가 귀촉도 운다.
그대 하늘 끝 호올로 가신 님아.(서정주, 「**귀촉도**」 : 떠난 임에 대한 시적 화자의 간절한 그리움이 귀촉도에 전이되어 표현되고 있음. 즉 새에 시적 자아의 감정을 이입시켜 표현하고 있는 것입니다. 여기서 객관적 상관물은 '새'입니다.)

8) 비유와 상징

비유란 표현하려는 사물(원관념)을 다른 사물(보조관념)에 빗대어 표현함으로써 구체적인 연상작용을 일으키는 표현 기법입니다. 그 방법에는 직유 · 은유 · 의인 등등이 있습니다. 상징은 어느 감각적 대상이 다른 대상을 표시하거나, 본래의 고유한 의미에서 다른 의미를 제시할 때 쓰는 표현 기법인데, 상징에서는 원관념을 파악하기 상당히 어렵습니다.

① 비유

표현하려는 사물의 현상, 상태, 마음의 움직임 등을 다른 사물에 빗대어 표현하는 방법을 말한다. 이는 표현대상이 되는 정서나 관념의 표현 효과를 높이기 위해서 주로 사용된다.

㉠ 원관념(tenor) : 표현하고자 하는 원래의 사물이나 관념을 말한다.

㉡ 보조관념(vihicle) : 원관념을 실어 나르는 보조적인 사물이나 관념이다.

② 상징(象徵)

㉠ 작품 속의 어떤 사물이 그 자체의 의미를 유지하면서 보다 포괄적인 다른 의미까지 띠는 표현 기법이다.

㉡ 상징은 원관념 파악이 원칙적으로 불가능하다.

㉢ 비유에서는 원관념, 보조관념이 1:1의 유추적 관계를 보이지만 상징에서는 1 : 다(多)의 다의적(多義的) 관계이다.

◆ 상징의 갈래

* 기호적 상징 : 약속에 의해 정해진 것
  예) 부호, 글자, 숫자 등

* 관습적 상징 : 한 사회에서 오랫동안 쓰인 결과 굳어져서 널리 인정받고 있는 상징
  예) 비둘기– 평화, 백합 – 순결

* 창조적 상징 : 개인에 의해 독창적으로 만들어져서 참신한 문학적 효과를 발휘하는 상징, 개성적 상징
  예) 소년아/ 인제 너는 백마를 타도 좋다. – 희망, 용기
  예) 유치환의 '깃발' – 인상적 심상, 인간의 본질적 열망
  예) 박두진의 '해' – 밝음, 어린이의 순결성

* 원형적 상징 : 원형적 모티브(인생 또는 문학에서 끊임없이 되풀이 되어 나타나는 기본적 상황, 심상)에 의해 이루어지는 심상
  예) 물 – 생성, 풍요, 창조

※ 비유와 상징의 차이 - 비유는 보조관념이 그 자체의 독립적 의미를 지니지 못하지만, 상징은 보조관념 자체만으로도 의미를 지닌다.

6. 시상의 전개 방식

'시상(詩想)'이란 시에 담긴 시인의 생각이나 상념을 말하는 것으로, 시인은 이러한 자신의 시상을 일정한 질서에 의해 한 편의 시로 조직해 나간다. 또한 소재를 배열하여 주제를 구현하는 과정과 시의 구조를 일컬어 '시상의 전개'라고 한다. 이러한 시상의 전개는 무질서하게 이루어지는 것이 아니라 각 시에 따라 나름의 규칙성을 띠고 있다. 시상 전개 방식을 파악하는 것은 시 전체의 특징, 더 나아가 그 시를 통해 표현하고자 하는 사상이나 정서, 즉 주제를 이해하는데 도움이 된다.

1) 수미 상관(首尾相關), 수미쌍관((首尾雙關)

시의 처음과 끝을 동일하거나 유사한 시구로 구성하는 방법이다. 이는 형태와 시상의 균형미와 안정감을 얻는 효과를 거둔다.

예)
◈ **고 향** – 정지용
◈ **나룻배와 행인** – 한용운
◈ **모란이 피기까지는** – 김영랑

2) 시간적 흐름에 따른 구성

하루 중의 시간, 계절, 시대, 또는 과거 · 현재 · 미래의 이동에 따라 시상을 전개함으로써 전체적으로 통일성과 조화미를 나타낸다. 시간의 변화는 순행적인 것뿐만 아니라 때에 따라서는 역순행적인 변화도 나타난다.

예)
◈ **서시** – 윤동주[과거 → 미래 → 현재 (혹은 미래)]
◈ **외인촌** – 김광균(해질 무렵부터 다음 날 아침까지의 시간의 흐름)

3) 공간(장면, 대상, 시선 · 시각)의 이동에 따른 구성

'아래→위', '위→아래', '먼 곳→가까운 곳', '가까운 곳→먼 곳' 등등의 방법으로 공간이나 장면, 또는 표현 대상을 이동하거나, 시선(시각)을 변화시켜 표현함으로써 시각적 이미지의 효과를 거두게 된다. 때에 따라서는 여러 가지 대상을 나열식으로 묘사하여 특정 장면이 파노라마처럼 제시되기도 한다.

예)

◈ 난초 – 이병기(잎새 → 줄기(대공) → 꽃 → 이슬),
◈ 오월 – 김영랑(근경 → 원경, 낮은 곳 → 높은 곳)

4) 점층적 반복 나열

예)

◈ 의자 – 조병화(단어의 형태론적 변형을 통해 점층적 내용 심화)
◈ 개화(開花) – 이호우(개화의 진행과정의 상승)

5) 기승전결(起承轉結)

원래는 한시의 절구(絕句)와 율시(律詩) 구성법에서 유래한 것으로, 우리의 현대시에서 다양하고 광범위하게 사용되고 있다. 그 전개 방법은, 시상제시[기(起)]→시상의 반복 심화[승(承)]→시적 전환 시도[전(轉)]→중심 생각 또는 정서의 제시[결(結)]의 형식이다. 보통 4연으로 이루어진다.

예)

◈ **국화 옆에서** – 서정주[1연(起):꽃이 피기까지의 인고의 과정 → 2연 (承) : 과정의 고뇌와 아픔→3연 (轉) : 자아 발견의 원숙한 경지 →4연 (結): 시련과 깨달음]

6) 연상작용에 의한 구성

하나의 시어가 주는 이미지를 이와 관련된 다른 관념으로 꼬리에 꼬리를 무는 방식으로 시상을 전개하는 방법

예)

◈ **피아노** – 전봉건(건반을 두드리는 여인의 손가락(피아노 선율) → 펄펄 뛰는 물고기 연상 → 바다연상 → 시퍼런 파도연상 → 날이 시퍼렇게 선 칼날 연상)

◈ **꽃나무** – 이상('벌판 한복판의 꽃나무'는 시인의 자유 연상에 의해 의식 속에 설정해 놓은 자아이며, 시인의 일상 속의 자아, 또는 현상적 자아이다.)

7. 시의 구성요소

1) 음악적 요소

시어에서 느껴지는 말의 가락으로 운율을 가리킨다.

(가) 거울아 거울아 뭐하니
속삭인다
살았니죽었니
살았다

(나) 거울은 무엇을 하고 있을까
조용히 속삭인다
살았을까 죽었을까 그렇게 있다가 살았다고 말한다.

(다) 아프디 아픈/ 기억으로/ 울다가
지난 날/ 기쁜 추억으로/웃다가
기대로 /가득 찬 /소풍을 떠난다 (수업)

(가)는 일정하게 끊어 읽으면서 같은 말의 반복을 통하거나 비슷한 발음이 나는 말을 사용하여 흥을 느끼게 하고 있다. (다)는 소리내어 읽다 보면 3개의 도막으로 읽게 된다. 그렇게 읽다보면 가락을 느끼게 된다. 바로 운율을 느끼게 된다.

(라) 삼동에 베옷 입고 암혈에 눈비 맞아
구름 낀 볕뉘도 쬔 적이 없건마는
서산에 해 지다 하니 눈물 겨워 하노라 (송순)

(마) 물안개 자욱한 노둣길
풍광자랑에 반해 시집온 아낙
달그락달그락 필통소리
곡식을 실은 할베의 황소나들이 (섬마을)

(라) 시는 운율이 겉에 드러나 있다. - 외형률
(마) 시는 같은 말을 사용하거나 같은 음운을 반복하여 사용하며 운율을 은근히 느껴지게 하고 있다. - 내재율

2) 회화적 요소

시에 펼쳐져 있는 형상화된 언어에 의해 나타나는 느낌으로 심상을 가리킨다.

(가) 장대비 산마루 돌아 돌아
흥겨운 소리 뛰는 당나귀가 먹고
물장구 깊어만 가던 하루낮
젖은 옷에 맨발로 돌아오는 길

심술쟁이 물살
새로 산 검정고무신을 실고
어디쯤 가고 있을까 - 장날

(나) 깨복장이 아이. 배불뚝이 친구
물장구치는 웃음소리 들으며
기억장치를 풀어놓는다 - 까치소리

시를 읽고 다른 사람에게 시의 내용을 표현하려면 시에 펼쳐진 언어를 다양한 느낌으로 표현해야 한다.

(가)의 시는 시에서 느껴지는 감각적인 영상이 시각을 통해 마음속에 떠오르게 한다. 거기에 비해 (나)의 시는 청각을 통해 이미지를 떠오르게 만든다.

① 시각적 심상 : 색체, 명암, 모양, 움직임 등을 나타내는 시각적인 시어나 시구에 떠오르는 상, 또는 느낌

예) 화사한 얼굴로 반기는 노란 자태

② 청각적 심상 : 구체적인 소리를 나타내는 시어나 시구에서 떠오르는 상, 느낌

예) 길을 잃고 울어대는 까치

③ 미각적 심상 : 맛을 나타낸 시어나 시구에서 떠오르는 · 상, 또는 느낌

예) 새콤한 청포도의 맛

④ 후각적 심상 : 냄새를 나타내는 시어나 시구에서 떠오르는 상, 또는 느낌

예) 은은한 향기에 반해 엽서를 띄운다.

⑤ 촉각적 심상 : 촉감을 나타내는 시어나 시구에서 떠오르는 상, 또는 느낌

예) 등이 휜 수선화를 바라보며 시린 가슴을 녹이고 싶노라고

⑥ 공감각적 심상 : 함께 어우러져 쓰인 둘 이상의 감각적인 표현에서 떠오르는 상, 또는 느낌. 감각의 전이 현상이다.

예) ㉠ 금으로 타는 태양의 즐거운 울림(시각의 청각화)

㉡ 분수처럼 흩어지는 푸른 종소리(청각의 시각화)

㉢ 동해 쪽빛 바람(촉각의 시각화)

3) 의미적 요소

시에 담겨 있는 지은이의 정서와 사상으로 주제를 가리킨다.

시의 주제란 한 편의 시속에 형상화된 중심 생각이나 사상(思想), 정서(情緖) 등을 말합니다. 그런데 소설과는 달리 시의 주제에서 가장 중요한 것은 정서(情緖)입니다. 정서는 시적 상황 속에서 드러나는 시적자아의 내적 반응 혹은 심적 상태를 말합니다. 실제의 현실이건 관념적 현실이든 간에 현실의 어떤 상황 속에서 생각하고 느끼는 모든 것들이 시적자아의 정서적 여과장치를 거쳐 독특한 정서로 표출되게 됩니다. 그러므로 우리는 한편의 시에서 시적 자아가 어떤 정서적 상태(심적 상태)를 보이는가를 유심히 관찰해봄으로써 시의 주제를 찾아낼 수 있는 것입니다.

주제의 구성요소

▶ 정서(감정) : 정서는 시어로부터 느낄 수 있는 시적 자아의 감정입니다. 즉, 기쁨이나 슬픔, 노여움, 쓸쓸함, 사랑스러움, 두려움 등등의 모든 감정이 어떤 시적 상황에 부딪혀 더욱 분화되어 나타나는 섬세한 느낌을 말합니다. 시에서 나타내고자 하는 주제는 이런 정서(감정)에 의해 흔히 드러납니다.

▶ 사상(뜻) : 시는 시인(혹은 시적 자아)의 주관적 감정만으로 이루어지는 것은 아닙니다. 거기에는 개인의 사상이 담겨 있습니다. 그래서 시를 읽고 시인(시적 자아)의 고귀한 뜻과 사상에 감동을 받을 수 있습니다. 고대 시가에서는 시작품의 사상성을 중요하게 생각했지만 현대시로 넘어오면서 차츰 시의 사상성(뜻)이 부차적인 요소로 취급되고, 정서가 주된 요소로 자리잡게 되었습니다.

8. 시의 화자(話者)

화자란 시인과 별도로 시 속에 등장하여 말하는 사람이다. 이는 시인이 작품을 쓸 때 취한 성별, 연령, 신분 및 심적인 상태 등에 의해 달라진다. 시의 어조를 이루어 내는 것으로 시적 자아(서정적 자아)라고도 한다.

예) 김소월의 '엄마야 누나야' - 시적 자아 : 남자 어린 아이

▶ 소년 · 소녀: 동심의 세계, 순수성이 돋보이는 효과
▶ 여자: 운명에의 순응, 가냘픔, 섬세함 등의 효과
▶ 남자: 강인함, 도전적, 진취적인 기상 등의 효과

1) 시적 화자의 기능

① 시적 화자는 시인의 대리인입니다. 그러므로 시적 화자의 적절한 선택은 상황이나, 구체적인 장면에서 시인의 관념이나 정서를 가장 극대화시켜 표현할 수 있게 해 줍니다.

② 시적 화자는 작품 안에서 일관된 모습과 목소리로 작품의 통일성에 기여합니다. 다시 말해서 시적 화자의 모습이나 가치관, 인생관 등이 일관성 있게 드러난다는 뜻입니다.

③ 시적 화자는 작품 안에서 배경묘사를 하기도 합니다. 이 때의 배경은 시간적, 공간적 배경을 모두 포함하며 시적 화자가 처해 있는 배경의 묘사를 통하여 시의 현실성과 구체성을 돋보이게 만들어 주기도 하는 것입니다.

④ 시적 화자는 작품 속에서 청자나 인물, 대상에 대한 정보를 제공해 주는 역할을 하기도 합니다. 그런데 이들 정보는 객관적인 것이 아닌 주관적인 것입니다.

2) 화자의 유형

① 화자가 시인 자신인 경우 : 자기 고백적, 반성적인 성격을 띱니다.

② 화자로 특정한 인물을 내세우는 경우 : 시인의 정서나 주제를 가장 효과적으로 전달할 수 있는 인물을 선택해야 효과적입니다.

③ 화자가 드러나지 않은 경우 : 객관적인 태도로 시를 쓴 경우로, 시의 소재에 대하여 관조적인 성격을 띠게 됩니다.

9. 시의 여러 가지 표현법

어떤 사물(원관념)을 그와 비슷한 다른 사물(보조관념)을 빌어 나타냄으로써, 대상을 보다 선명하게, 보다 생동감 있게 만드는 방법.

1) 비유하기

① **직유법** : 원관념과 보조 관념을 '~처럼, ~듯이, ~같이, ~양,' 등으로 직접 빗대어 나타내는 비유법.

▶ 강나루 건너서
밀밭 길을
구름에 달 가듯이 가는 나그네. (박목월 「**나그네**」)

② **은유법** : ' ~은 무엇이다.'의 형태로 원관념과 보조관념을 간접적으로 비겨서 나타내는 수준 높은 비유법. (영어로 '메타포'라 함)

▶ 내 마음은 호수요. 그대 노 저어 오오.
나는 그대의 흰 그림자를 안고,
옥같이 그대의 뱃전에 부서지리라. (김동명 「**내 마음은**」)

③**의인법** : 사람이 아닌 사물에 인격을 부여하여 사람처럼 생각하고, 느끼고, 행동하게 하는 비유법.

▶ 신새벽 뒷골목에
네 이름을 쓴다 민주주의여
내 머리는 너를 잊은 지 오래
내 발길은 너를 잊은 지 오래
내 발길은 너를 잊은 지 너무도 너무도 오래
오직 한가닥 있어
네 이름을 남몰래 쓴다 민주주의여
(김지하 「**타는 목마름으로**」)

④ **풍유법** : 속담, 격언 등을 이용하여 원래 말하고자 하는 원관념은 숨긴 채 특정 대상을 은근히 비꼬아 속뜻을 짐작하여 깨닫도록 하는 기법.

▶ 못된 송아지 엉덩이 뿔 나가지고 남의 집 외양간 박살낸다더니.

⑤ **대유법** : 표현의 대상이 되는 사람이나 사물의 일부분이나(제유), 속성으로(환유) 대상 전체를 나타내는 방법. (요즘엔 환유와 제유를 합쳐서 그냥 대유라고 불러요)

▶ 우리에게 빵을 달라.(빵 ⇒ 모든 음식물을 대표)

⑥ **활유법** : 무생물에 생물의 특성을 부여하여 표현하는 기법.

▶ 어둠은 새를 낳고, 돌을 낳고, 꽃을 낳는다.
(박남수 「**아침 이미지**」)

⑦ **중의법** : 하나의 표현에다 둘 이상의 뜻(글자 그대로의 뜻과 또 다른 뜻)을 아울러 담아 내는 비유법.

▶ 수양산 바라보며 이제를 한하노라. (성삼문, **수양산 바라보며** : 수양산⇒ 중국의 산 이름 or 수양대군)

2) 변화주기

① **도치법** : 정상적인 언어 배열 순서를 바꾸어서 내용을 강조하는 표현 방법이다.

(예) · 죽어도 아니 눈물 흘리오리다.
· 소금을 뿌려 놓은 것 같아, 메밀꽃이.

② **설의법** : 뻔히 알 수 있는 결론을 의문형으로 만들어 독자로 하여금 결론을 내리게 하는 표현 방법이다.

(예) · 배우고 때로 익히면 또한 기쁘지 아니한가?
· 어디 닭 우는 소리 들렸으랴.

③ **문답법** : 묻고 대답하거나 자문자답하는 형식을 빌려서 표현함으로써 문장에 변화를 주려는 표현 방법이다.

(예) · 왜 우리는 책을 읽어야 하는가? 만나기 위해서다.
· 아희야, 무릉이 어디오. 나는 옌가 하노라.

④ **반어법** : 표현하려는 뜻과는 반대되는 말로 표현함으로써 문장에 변화를 주어 효과를 거두려는 표현 방법이다.

(예) · 잘 한다, 잘 해! (잘못했을 때)
· 규칙도 모르는 사람이 심판을 하였으니 시합이 오죽이나 공정했겠소.

⑤ **역설법** : 표면적으로는 이치에 안 맞는 듯하나, 실은 그 속에 절실한 뜻이 담기도록 하는 표현 방법이다. (모순 형용)

(예) · 어린이는 어른의 아버지.
· 이것은 소리 없는 아우성.
· 아 아, 님은 갔지마는 나는 님을 보내지 아니하였습니다.

⑥ **인용법** : 자기의 이론을 증명하거나 주장을 강조하기 위하여 속담이나 격언, 다른 사람의 말을 인용하여 논지의 타당성을 뒷받침하는 표현 방법이다.

(예) · "일하기 싫어하거든 먹지도 못하게 하라."(라)는 말이 있다.
· "문장은 사람이다."라는 말이 있다.

⑦ **돈호법** : 어떤 사물을 의인화시키거나 대상의 이름을 불러서 주의를 환기시키는 표현 방법이다.

(예) · 친애하는 국민 여러분!
· 해야 솟아라, 해야 솟아라.

⑧ **명령법** : 뜻을 강조하거나 변화를 주기 위하여 명령형으로 처리하는 표현 방법이다.

(예) · 해야 솟아라, 해야 솟아라.
· 벗아! 어서 나와 해바라기 앞에 서라.

⑨ **대구법** : 가락이나 내용의 흐름이 비슷한 문장을 나란히 세워 인상깊게 만드는 표현 방법이다.

(예) · 너의 주름과 나의 백발도
· 산은 높고, 물은 맑다.

⑩ **생략법** : 불필요한 말을 줄이거나, 중요한 말을 생략함으로써 글의 여운과 함축의 묘를 살리는 표현 방법. 생략된 부분은 독자의 판단이나 추측에 맡긴다.

(예) · 선녀 옷은 참 예쁜데, 참새 옷도 예쁘고…….
· 이 풀잎도 현이 같고, 저 풀잎도 현이 같고…….
· 꽃이 진다. 하나, 둘…….

⑪ **현재법** : 과거에 있었던 일이나 미래에 있을 수 있는 일을 현재 시제를 사용하여 표현하는 방법이다.

(예) · 자리에 돌아와 앉는다. 그러자 교실의 문이 열린다.
· 전주를 거쳐 금마에서 미륵사로 가는 시외 버스를 탄다.

3) 강조하기

표현하고자 하는 바를 힘있게 나타내 가지고, 뜻을 한층 더 강하고 절실하게 하려는 표현 기법.

① **과장법** : 실제보다 훨씬 크거나 작게, 많거나 적게 표현하는 방법

▶ 그 날이 와서 오오 그 날이 와서
육조(六曹)앞 넓은 길을 울며 뛰며 뒹굴어도
그래도 넘치는 기쁨에 가슴이 미어질 듯하거든
드는 칼로 이 몸의 가죽이라도 벗겨서
커다란 북을 만들어 들쳐 메고는
여러분의 행렬에 앞장을 서오리다.
우렁찬 그 소리를 한 번이라도 듣기만 하면
그 자리에 거꾸러져도 눈을 감겠소이다.
(심훈「**그날이 오면**」)

② **반복법** : 같거나 비슷한 어구, 문장 등을 되풀이하여 흥을 돋구거나 뜻을 강조하는 방법.

▶ 산에는 꽃 피네.
꽃이 피네
갈 봄 여름 없이
꽃이 피네. (김소월「**산유화**」)

③ **영탄법** :기쁨, 슬픔, 놀람, 분노, 등의 인간 감정을 있는 그대로 드러내어 강조하는 방법.

▶ 먼 뒷섬들이 다시 환히 열리더니,
아차차, 채운(彩雲)만 남고 정녕 없어졌구나.
(이태극「**낙조**」)

④ **열거법** : 같은 계열이거나 비슷한 낱말, 어구 등을 늘어놓는 방법입니다.

▶ 난(蘭)이와 나는
산에서 바다를 바라다보는 것이 좋았다.
밤나무
소나무
참나무
느티나무 (신석정「**작은 짐승**」)

▶ 별 하나에 추억과
별 하나에 사랑과
별 하나에 쓸쓸함과
별 하나에 동경과
별 하나에 시와
별 하나에 어머니, 어머니, (윤동주「**별 헤는 밤**」)

⑤ **점층법** : 작은 것에서 큰 것으로, 좁은 것에서 넓은 것으로, 약한 것에서 강한 것으로 나타내는 표현 기법.(그 반대는 점강법)

▶ 내 죽으면 한 개 바위가 되리라.
아예 애련(愛憐)에 물들지 않고
희로에 움직이지 않고
비와 바람에 깎이는 대로
억년 비정(非情)의 함묵(緘默)에
안으로 안으로만 채찍질하여
드디어 생명도 망각하고
흐르는 구름
머언 원뢰(遠雷)
꿈 꾸어도 노래하지 않고
두 쪽으로 깨뜨려져도
소리하지 않는 바위가 되리라. (유치환 「**바위**」 : 이미지의 전개 과정이 점차로 깊고 강해지는 것을 느낄 수 있습니다)

⑥ **대조법** : 상반되는 두 가지의 사물이나 의미를 대조시킴으로써, 의미를 강화하려는 표현 기법.(두 사물의 차이점 강조)

⑦ **억양법** : 우선 얕봤다가 뒤에 추켜세우거나, 또는 그 반대로 표현하는 방법

▶ 야! 그녀석 잘 뛰더라. 하마터면 내가 질 뻔했다.
야! 예쁘다. 머리에 꽂은 꽃만!

Ⅳ. 그림과 함께 하는 매력적인 詩作

달님

연일 내리는 굵은 빗속
흩어졌다 맺히는 임의 얼굴
말갛게 비친다

나무 뿌리 온 통 물에 젖어 뒹굴고
돌틈으로 피한 풀 한 포기 위태로와 보이는데

달 달 달님은
천연덕스럽게 얼굴을 씻고 있다

심사틀린 망나니 틈에
웃는 것이 낫다며
벙그르르

- 장마를 걱정하다가 잠시 폭우가 그치고 달이 떴다

詩作 (Start)

눈물 꽃

들리는 까치소리
애심불이 붙어 타고 있다

우실 밖 넘은 임이 그리워
가마솥 밥하며 눈물을 말린다

동리 한 바퀴 돌고 온 다던 임
아직도 오지 않고

눈물꽃만
불길에 활활 피어 오른다

* 스물다섯에 의용군으로 나가 북으로 간 남편을 그리다 칠순에 생을 마친 어미와 아비를 그리워하며 쓴 시. 이산의 아픔이 낳은 자전적인 시이다.

詩作 (Start)

꿈을 키우는 민경

손거울이 냇물 속에 떨어져 있다 연두빛 돌틈에 광채를 발하여 현실과 미래를 연다
꿈에 부푼 처녀가 어른거린다 십년 후 그녀를 뉴욕의 여신상 앞에서 만나 분홍 거울을 줄 것이다
그녀와 연서를 묶는 새로운 변화가 시작되겠지 황홀하고 벅차게 말이다

거울아 거울아 뭐하니
속삭인다

살았니 죽었니
살았다

시냇물 속 민경 위에 반짝이는 송사리 가족이 한가롭게 놀고 있다

* 나는 가끔 꿈과 이상을 거울에게 물어보며 키워 나간다.
나에게 향한 주문식 다짐의 시간이다.

詩作 (Start)

마석 전철역 개통 開通

우시장 쇠말뚝 사라지듯
고속전철로 새롭게 단장
보릿고개 애환과 꿈을 날라
곡선의 미로 솟구쳐 오르며
능선으로 애둘린 산과 맑은 물

남양주 화도의 멋
풍류를 실은 시골장터 활기
예술 문화를 어우르는 공작소로 행하는
징검다리 마석역 광장

칠월 청소년 오케스트라 소리 한창
시낭송의 꽃이 피었네

詩作 (Start)

죄인이로소이다

한마디 핀잔
아닌 밤중 혹이 붙었다고
신음한다기에 기도합니다

나는 죄인이로소이다
티끌이 보이는 눈을 멀게 하시고
정의라는 입을 봉해주시고
긍정의 마음을 갖게 하소서

가능하시다면
오늘밤 그 혹을 떼어주시고
그가 잠 못드는 밤
뜬눈을 세우며
무릎을 끓게 하소서

詩作 (Start)

(폐허, 그리움, 생명체와의 공동체, 회복)

내 연인이여

당대의 양귀비
애틋한 사랑
화성지에 수놓았다 해도

내 품에 사랑
비길 바 없으니
어어, 둥둥 내 연인이여

연화탕 비하각 부럽지 않은
조촐한 밥상 이야기
행복이 모락모락

* 중국 여행지에서 함께 하지 못한 남편을 생각하며 사랑을 노래하다.

詩作 (Start)

두물머리

물안개 피어올라
물고기 퍼지르는 파문을 수 놓을 때
강바닥에 고독을 찌에 엮어 내려 놓는다

황포돛대 닻을 대린 두물머리 풍경 속
이산의 고통과 세상의 숱한 어지러움 빠뜨리고 있노라면
산수화마을 어느 덧 개 짓는 소리 들린다

보수다 진보다 외침 속에도
실향의 강줄기 뻗어나가지 못하고
애달파 닳은 노을만이 소요를 재우고 있다

누가
흰 머리 앞에 태우고 두물머리 황포돛대 닻을 올리려는지
강물은 아직도 날 퍼런 비늘을 번뜩인다

詩作 (Start)

(물안개, 아침, 내면의 세계, 희망, 통일)

삶의 이유

쓸려나가 나뒹구는 돌 틈 속
아름답다 느끼노라면
작은 잎이 생긋

세상 유혹에 속고
탄식이 뒹구는 단면을 뒤집어
훙얼훙얼 다잡고 사노라면 꽃이 피고

우리들
속과 겉 열매로 맺히며
영원한 알파로 변한다

詩作 (Start)

맞바람

봄바람에
안달 난 처녀 마음
조바심에 달 떠올라

꽃바람에
달려 나온 총각
봇짐에 마음을 싸서
산허리를 도니

어느새
발그레한 여인
맞바람을 내며 휘감아 도네

詩作 (Start)

이별여행

시간이 하얗게 삭으며
머물지 않고 흐르고

추억도 엮지 못하고
흔적 표시 영역을 넓혀놓아
온통 그리움으로

청솔은 가지를 치고
철새를 불러들이는데

너와 나
하루 또 하루
이별여행을 하고 있구나

詩作 (Start)

둘이라면

한 발 한 발
높은 곳을 향한 마음
무겁고 무겁다

가면 갈수록
미로의 어둠 속
무섭고 무섭다

힘을 내자는 진솔한 울림
멀지 않다는 믿음
가볍고 가볍다

詩作 (Start)

자은도 이야기

파도가 뭍으로 만들어 놓은 자은도
잿빛 구름 가득하다
독살과 후릿그물에 아버지의 추억을 낚고
양파 밭에서 품삯을 받는 아낙에게서 엄니의 추억을 캔다

백사장에 해무라기 끼더니
요염해진 금강송이 길손을 붙잡는다
썰물로 열린 기적의 길이 앞장을 선다.
바람에 한없이 흔들린다

* 한국일보 여행 1
신안 자은도로 떠나는 여름여행을 보고 그림과 시를 써 보았다

詩作 (Start)

봄나들이

하얗게
노랗게
전국 곳곳 물감 퍼지른다

후끈하게 떠들며
들척지근한 후한 인심
꽁꽁 얼었던 마음을 여는구나

영원한 사랑을 찾아서
나무가 꾸는 꿈을
지척에 어여삐, 꽃 뿌려보자

詩作 (Start)

들국화

강변
돌 틈에
살짝꿍 앉았다

노란 입술
홀씨 되어
날아가는 모습

봄
여인
같아라

* 들국화 한 송이 느낌 그대로 옮겨 놓았다. 마지막 연처리를 작가의 시상에서 봄 여인으로 변했다.

詩作 (Start)

남양주 일세

주금산 품안의 천하의 비금
옛 선비의 거문고 소리가 튕겨 빚은 계곡에
농익힌 초록을 뿌려놓으니

햇볕은 물에 젖어 신선놀음을 하고
바람은 산들산들 나비는 훨훨 ―훨
홍겨운 새소리 재를 넘는다

산 향에 미혹되어 발길 멈춘 길 객에
고로쇠 물 손님 대접 한 사발 쭉―
바람도 쉬어가는 다정이라네

마석 시골장터 삼 팔 장
어서 오소 어서가소
풍성한 먹을거리 볼거리 천국인 남양주 일세

詩作 (Start)

고향생각

개구리 기지개 짓에
타임캡슐을 타고
내 고향 집으로 가
깨 복장이 아이. 배불뚝이 친구
일식이네 모내는 날 밥 얻어먹고
보따리를 풀고 있다

아지랑이 은빛으로 일렁이다
앞산에 태양이 넘어가도
내려가지 못하고 서성인다

시간이 흐른다
타임캡슐 고장 나
무지개 빛 노을 속에 잠겨버린다

詩作 (Start)

수선화 연가

하얀 눈 속에 갇혀 여러 날
햇살이 반듯하게 들리 자
집에 있으려니 이야기 상대가 없어
밖으로 나섰다

어느 집 수수깡 울타리 안
화사한 얼굴로 반기는 노란 자태
꽃잎 나풀거리는 볼우물에 친분이 들어
은은한 향기에 엽서를 띄운다

그대가
수선화를 닮아 좋아했노라
이제 등 휜 수선화를 바라보니 시리고 아려
연가를 부르고 싶다

생이 다가도록
이 생이 다하도록

詩作 (Start)

거울

요술쟁이 친구여
왼손잡이 아닌 척 바르게 하며
낯설게 만드는 능갈치는 솜씨

때로는 진한 화장
울룩불룩 변신술로 도도하다
연금술을 편 친구여

청춘이 휘고 난 어느 날
비취빛 옷맵시로 마주한 어머니
서릿꽃 나목이 된 친구여

주루룩
흐르는 눈물
말끔히 지어주오

* 거울을 보면서 변화무쌍한 내 모습과 어머니를 닮은 나를 발견한다. 세월이 흘러 서릿꽃 나목처럼 어머니를 향한 그리움을 표현했다.

詩作 (Start)

왜 그리 바쁜가

핸드폰을 꺼놓고
소식도 없고
식구도 모르는 행보

어디를 가고 있나
어디쯤 가고 있나
소통의 부재만 남기고 왜 그리 바쁜가

저 하늘에
우리의 그림자 보이는데
다음이라는 말 하지는 말게

함께 할 시간이 많지 않다네

* 다음에 보자는 일상적인 말에 시사성이 있는 시작으로 비틀어 보았다.

詩作 (Start)

엄니가 그리워

애달픈 시 한 줄 늘어놓고
개구리 파란 등을 타고 여행을 떠나
지구를 거꾸로 돈다.

청개구리 진한 곡소리 차오르는 언어
장대비에 아랑곳하지 않으며
고향산천을 도는데

해 좋던 봄날 성거의 진달래
문산역에 개나리 만발해도 머니
한움큼 드리지 못하는
파고드는 언어의 부화 솟구쳐 범람하여

창포물에 머리 감던 냇가로 돌아와
붉은 눈을 한 청개구리가 되어
여울 묵에 서서 비를 맞는다

* 시적 화자는 청개구리가 되어 고향산천을 돌아다니며 어머니를 그리워 한다.

詩作 (Start)

사부곡

꽃게를 잡으로 간 사내
우실 밖을 넘은지 오래

앞마당에
은행나무 넙대란 그늘을 드리우고
오가는 바람을 불어준다

딸자식을 뭍으로
시집보내고

아낙은 만선을 휘날리며
고래 등에 업혀 오는 꿈
지금도 꾸고 있다

* 어른들 세대의 기다림은 참으로 긴 여정이 되기도 한다. 떠나보내는 마지막 절차를 안 지 내 살아있다고 믿는 것이 위안이 되었다.

詩作 (Start)

어머니의 일생

어머니가 평생 짓던 한복
안방마님과 기생들의 옷이었다

여인들 안과 겉 소재가 다르고
치마꼬리 왼쪽 오른쪽
색상은 은은하고 화려해도
짓는 마음 한결같았다

품삯으로 받은 신권 구권 마찬가지
자반고등어와 이밥이 되고 머니
학용품과 등록금도 되어 주었다

마님과 기생의 인식의 차이
질감과 빛깔일뿐 귀천이 따로 없다는 것
어머니의 정성스런 손길에서 깨달았다

* 어머니의 직업, 일생, 그리움, 깨달음의 교육적인 의미전달

詩作 (Start)

솥뚜껑

닫으면 음식이 익고
뒤집으면 부침이 노릇노릇

왠일인지
정치꾼만 들어가면
들썩들썩 요란하다

두툼한 무쇠의 식지 않는 매력
잘 익혀낸 누룽지가 인기 만점

콩도 팥도 들어가 삭혀지면
어우러져 익혀내고
편 가르지 않는 솥뚜껑 멋지지 않는가

詩作 (Start)

가을의 바람

천마산아 천마산아
울긋불긋 단장 속 것을 들춰
춘객을 불러 나무 등걸 이에 얹고

다섯 폭 자락을 뽐내는 가을빛
두둥실 흥이 절로 나는구나

계절을 휘감아 농익은 몸짓으로
심신이 지친 무리 제대로 안고 도누나

볼그레 족족 볼그레 족족
놀자 놀자구나
덩실덩실 돌자구나

詩作 (Start)

아니 벌써

엄동설한에
몽글몽글 피어
향기를 내며
오감을 촉촉하게
하는구나
아니 벌써 봄을
세밑 인경 소리
귀에 걸려 있는
데
운유는 눈꽃을
뿌리고
진달래꽃 한아름
안기는구나
아니 벌써
마음속에 꽃으로
오누나

이천십일년 초동
조을옥 시
천민석 글·그림

연정(戀情)

가지에 올라
아래를 보는 소녀
붉은 버찌를 닮고

소년은 짝이 되어
발밑 지렛대 역할
홍조의 얼굴로

들켜버린 환한 미소
녹색잎이 감싸
갈무리 한다

이천십년 십일월에
소운 조윤옥 시
천안서 그림